F˙tbol

Para colorear Libro

Coloring Pages for Kids

Coloring Pages for Kids
An imprint of Ciparum LLC

F˙tbol para colorear Libro
© 2017 Ciparum LLC
All rights reserved.
ISBN-10:1-63589-422-0
ISBN-13:978-1-63589-422-6

Coloring Pages for Kids

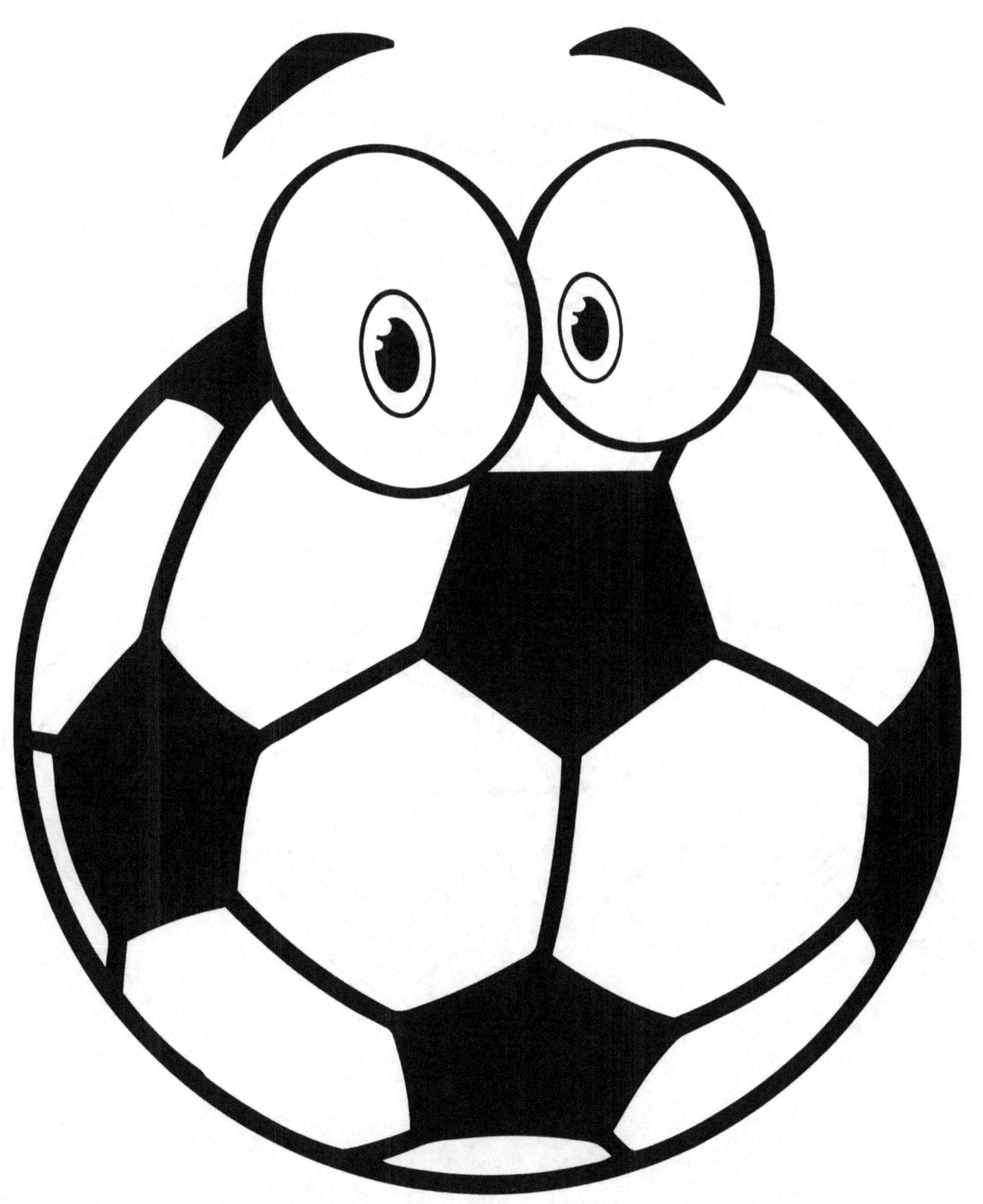

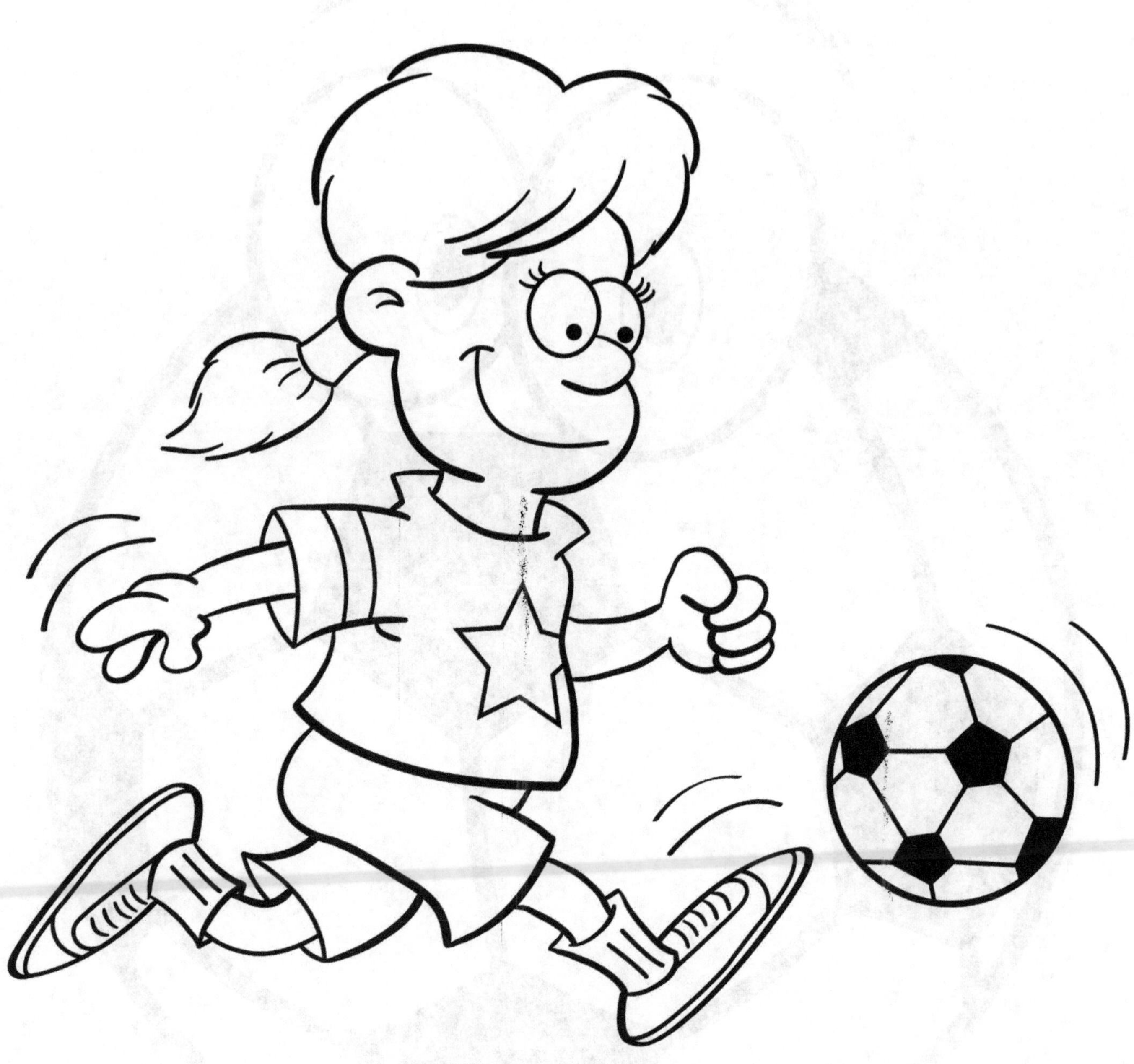

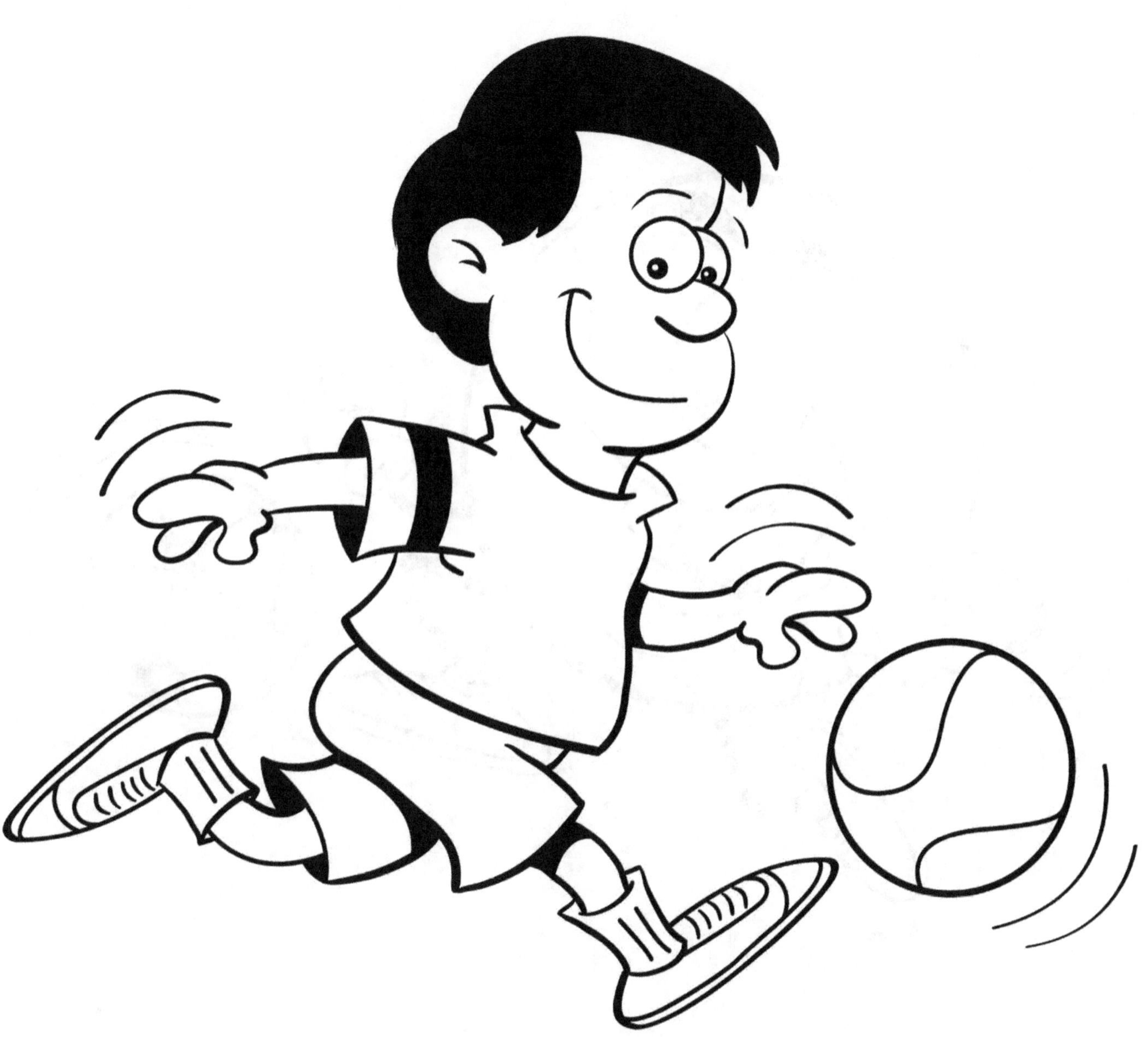

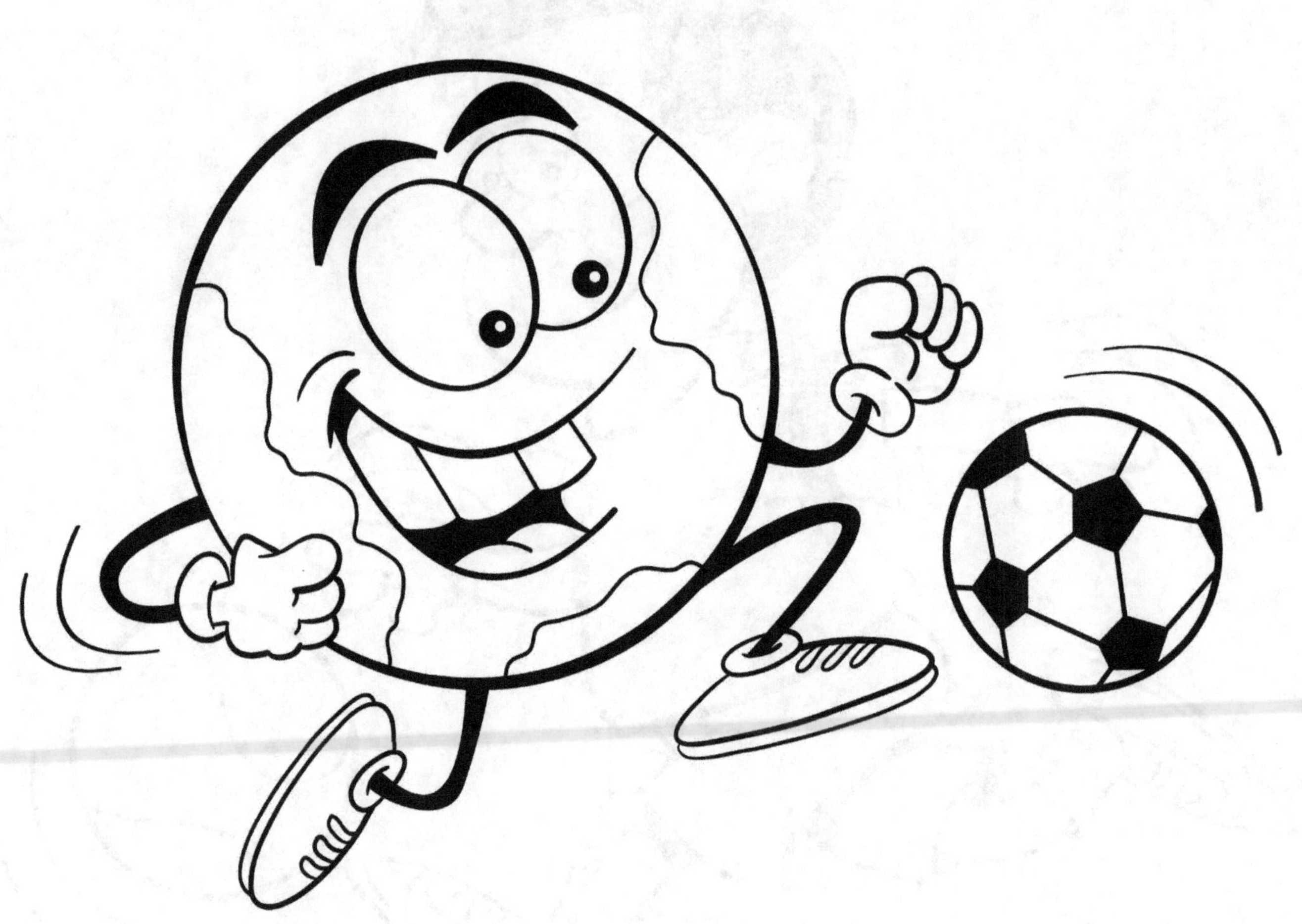

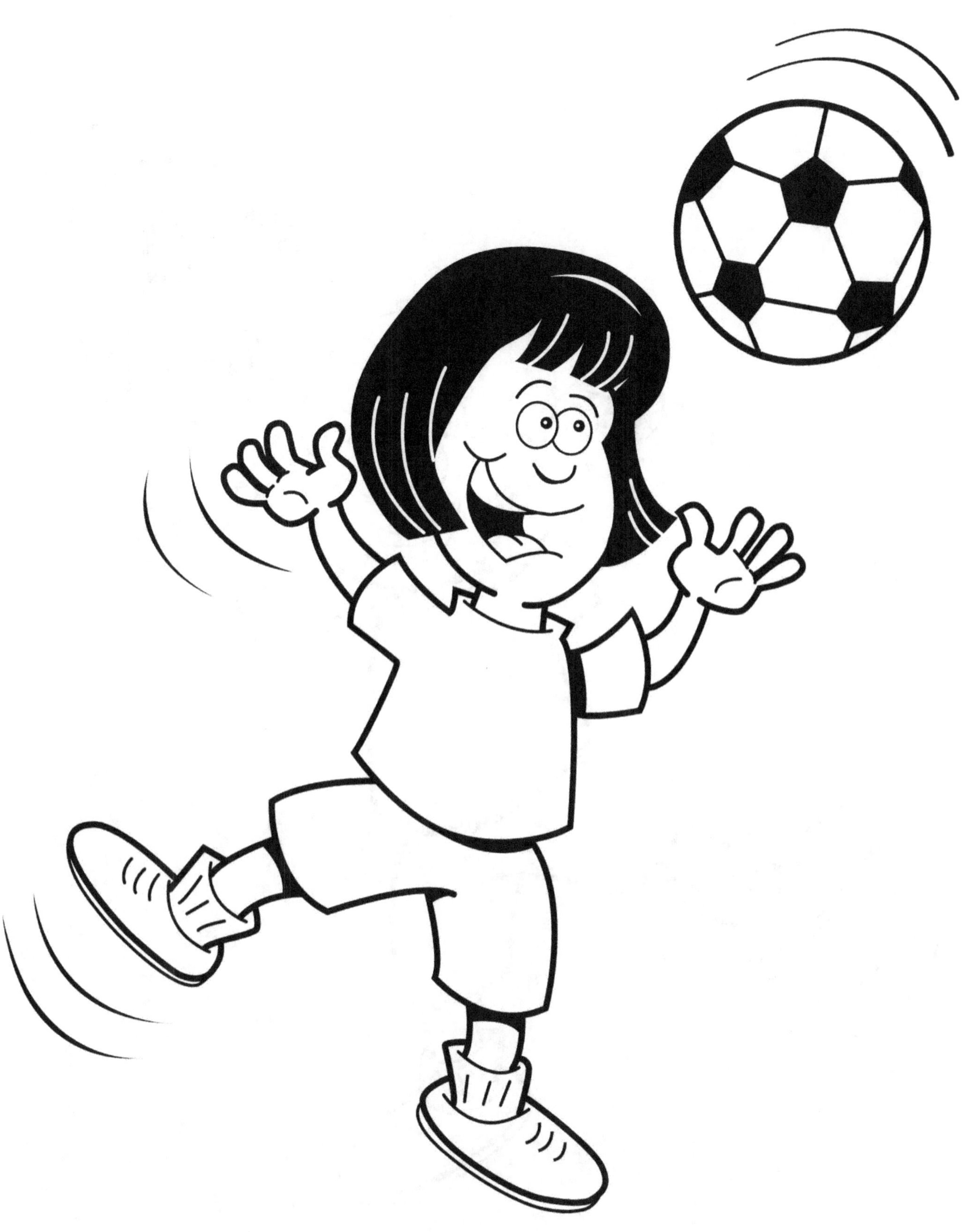

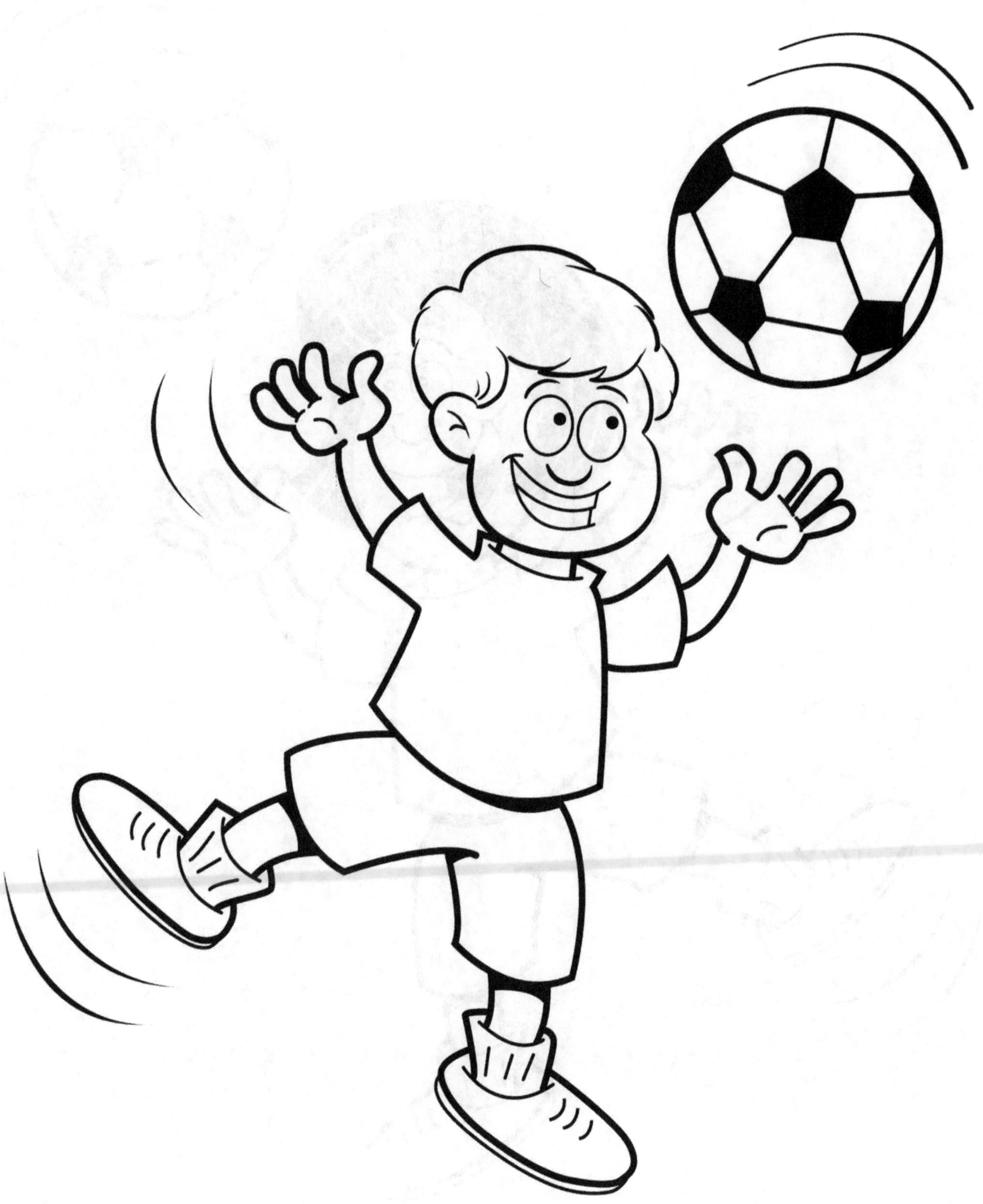

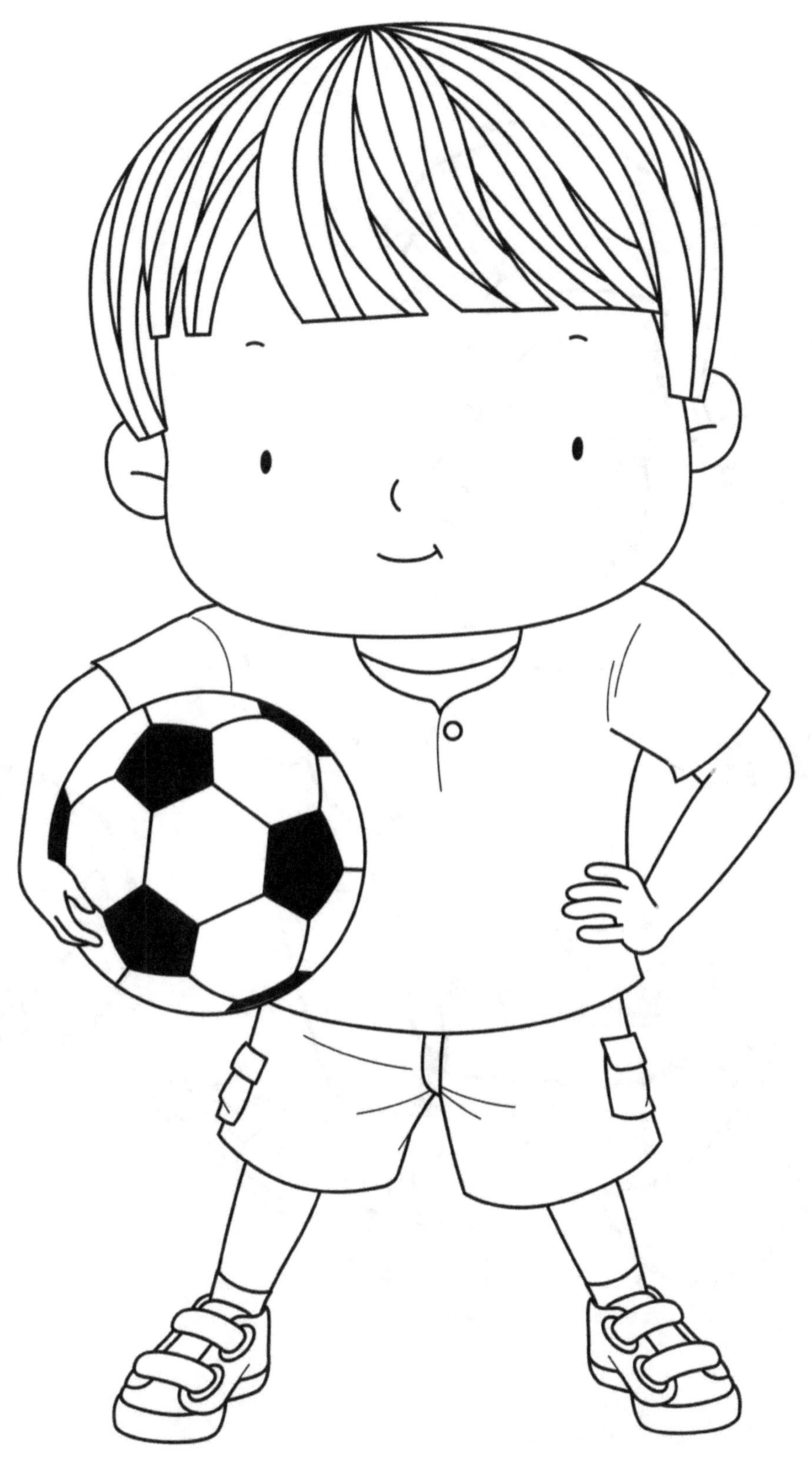

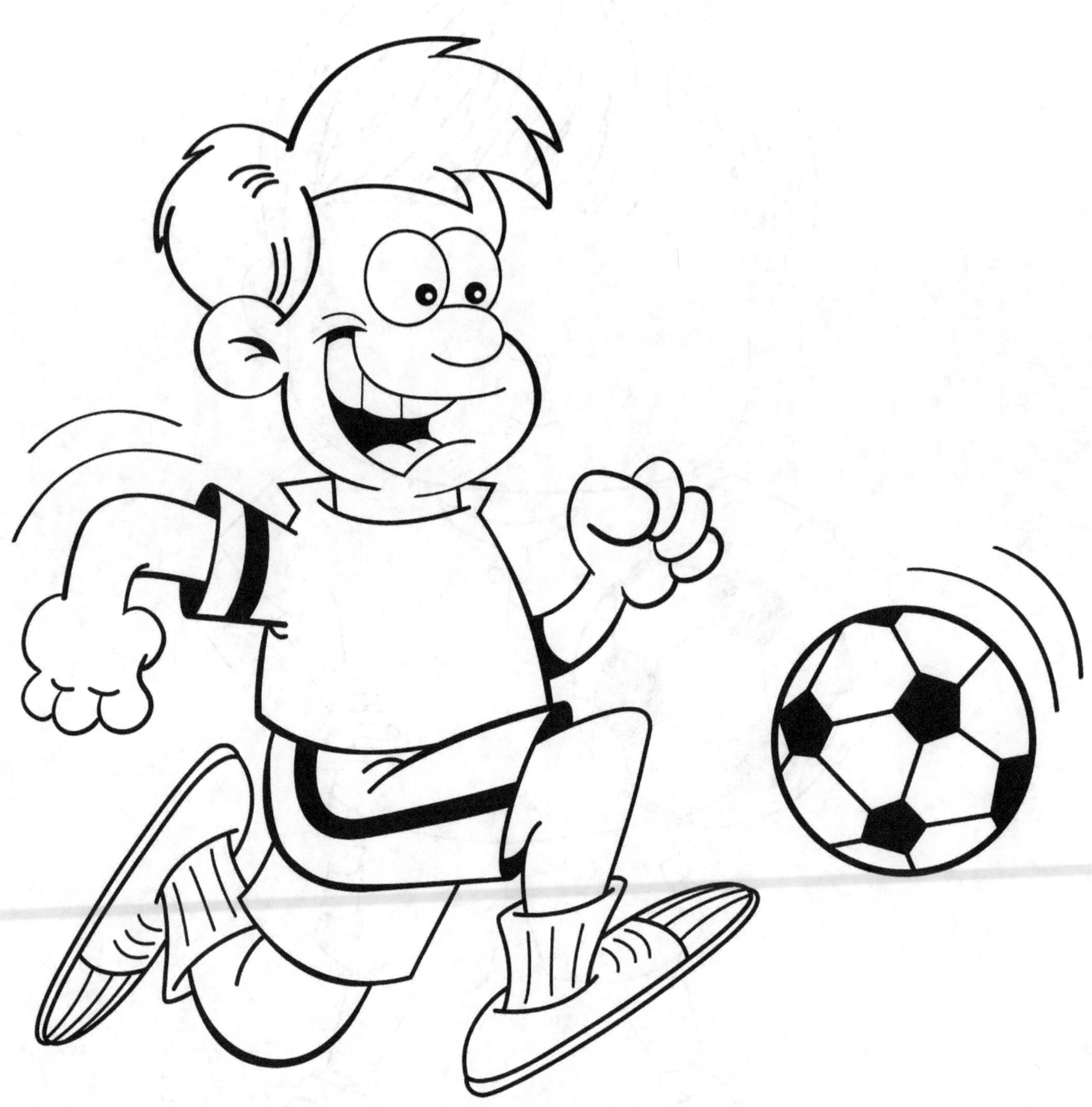

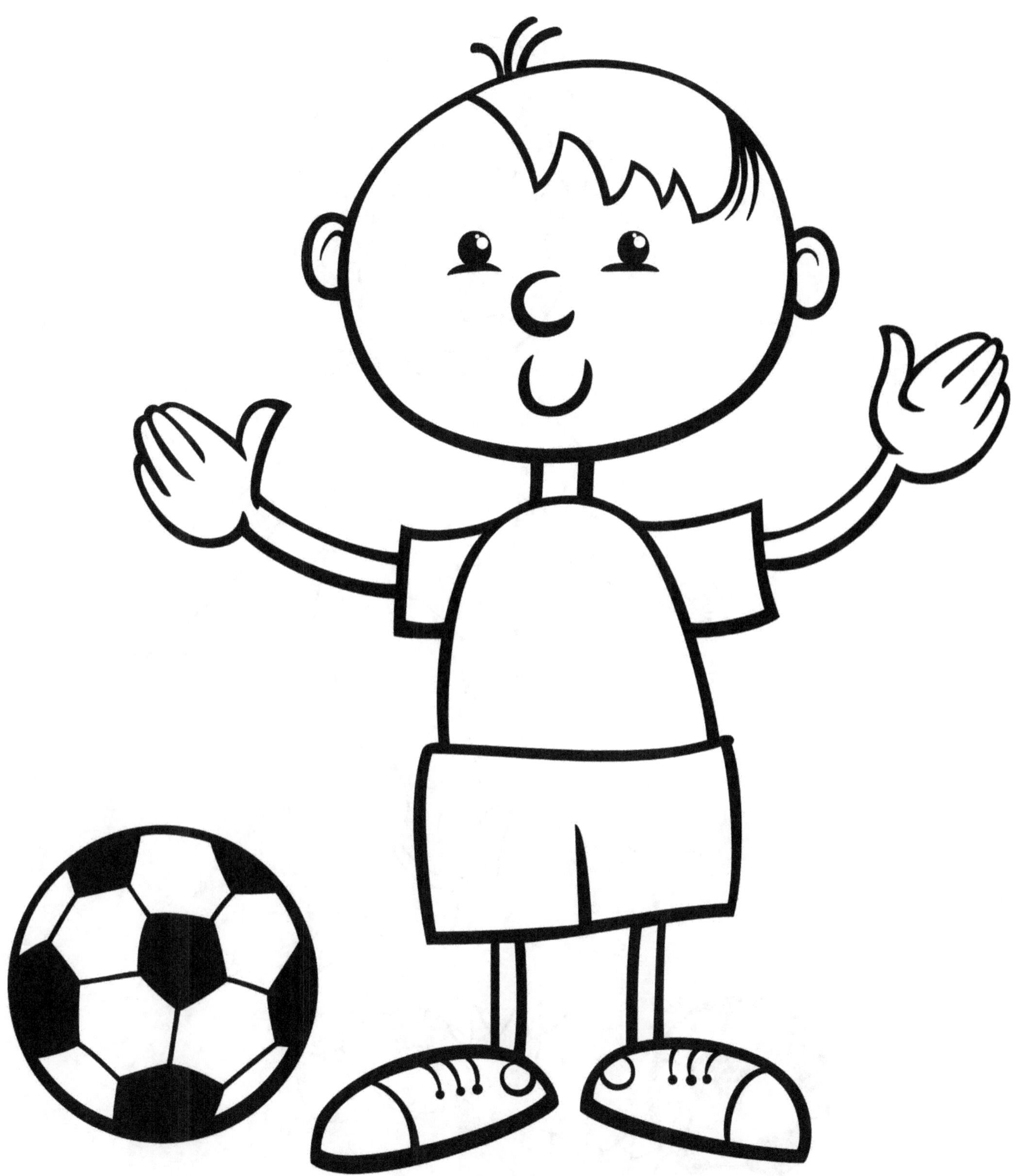

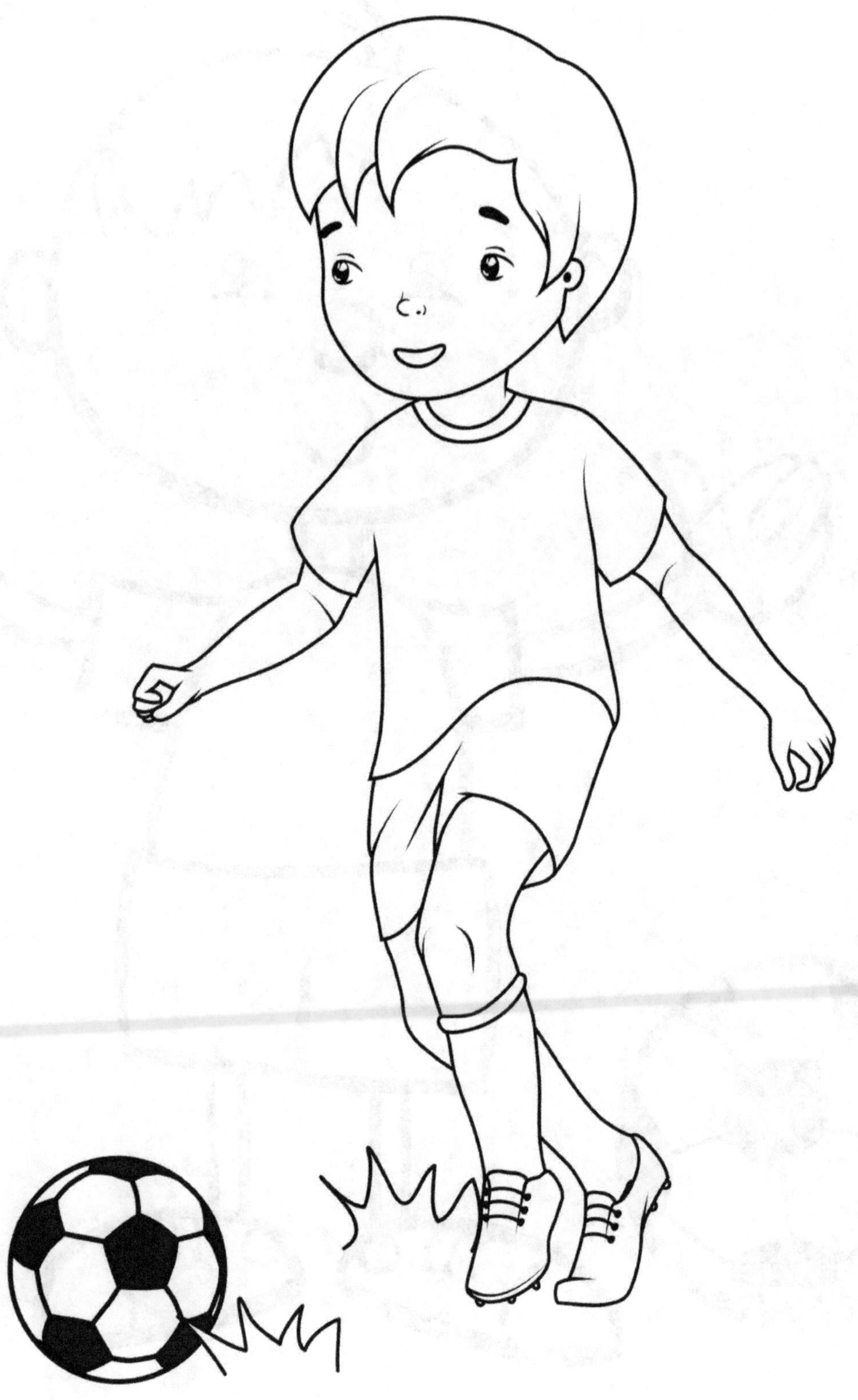

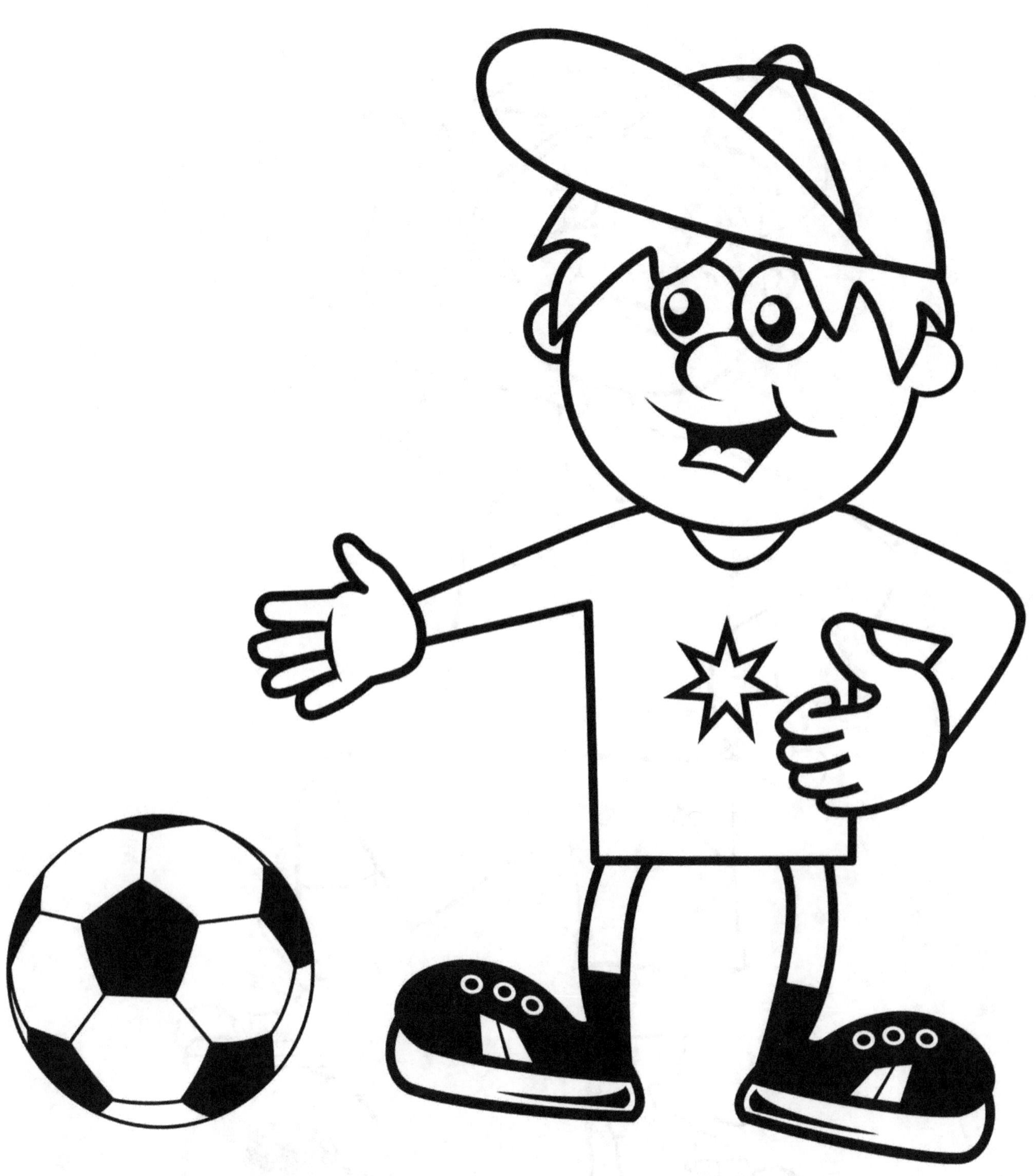

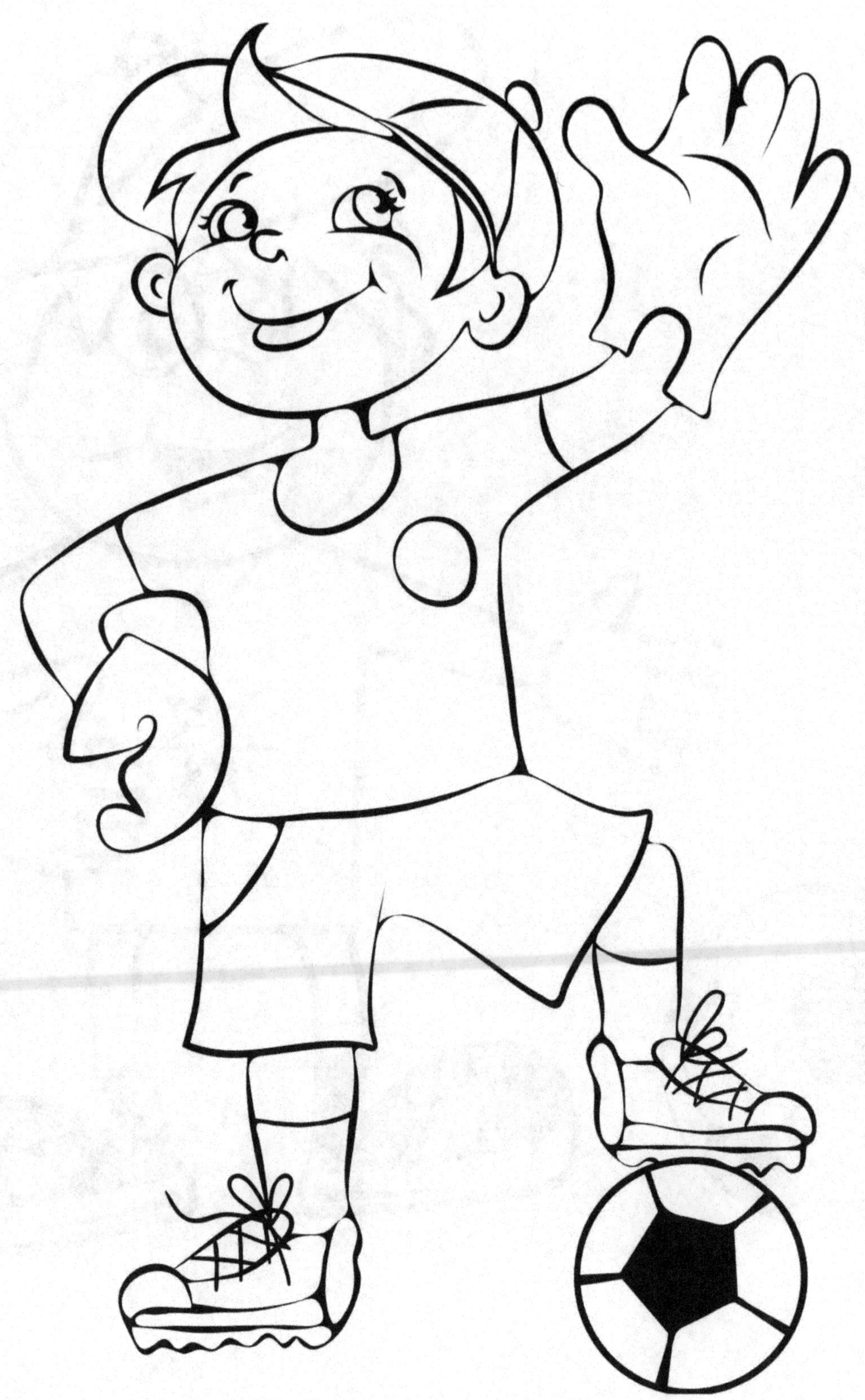

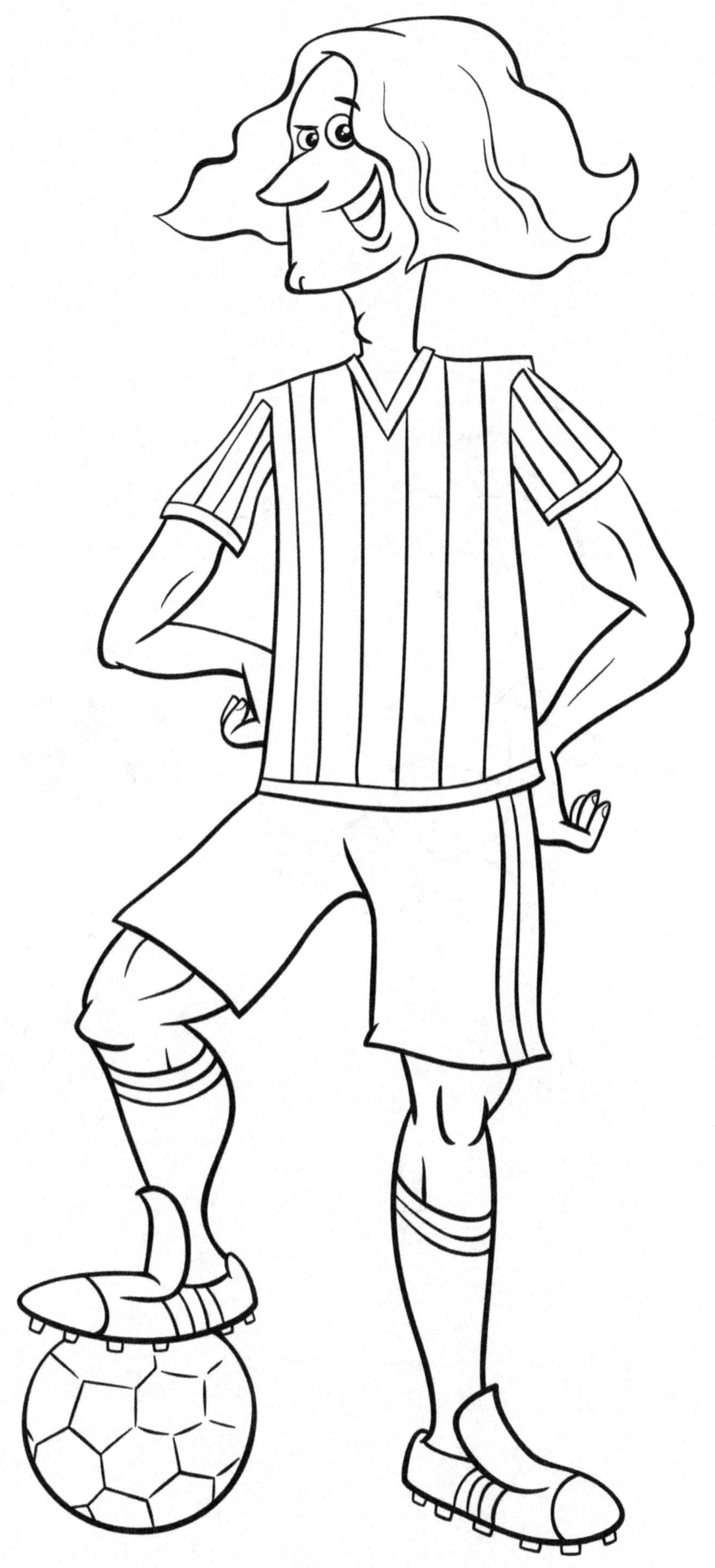

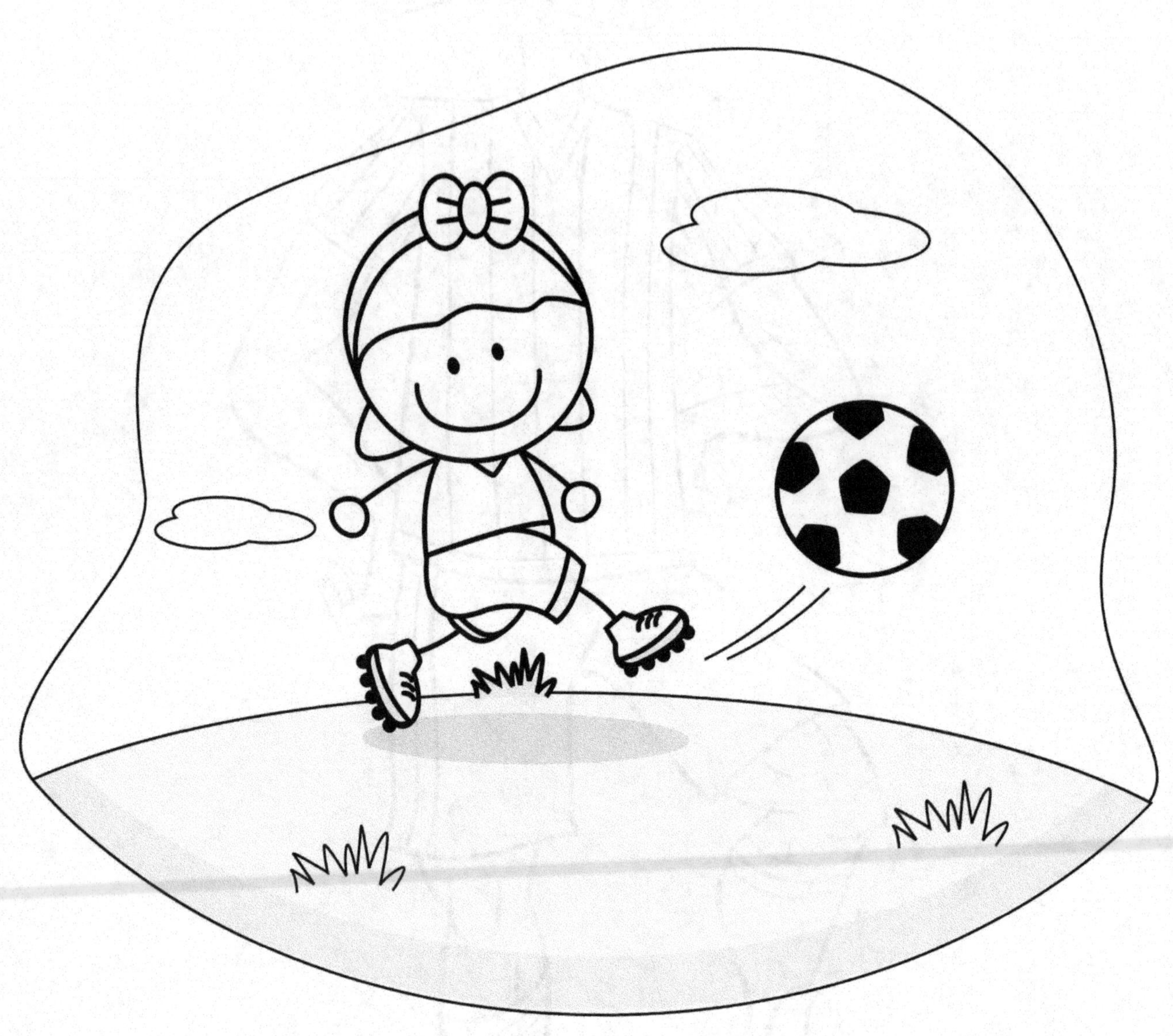

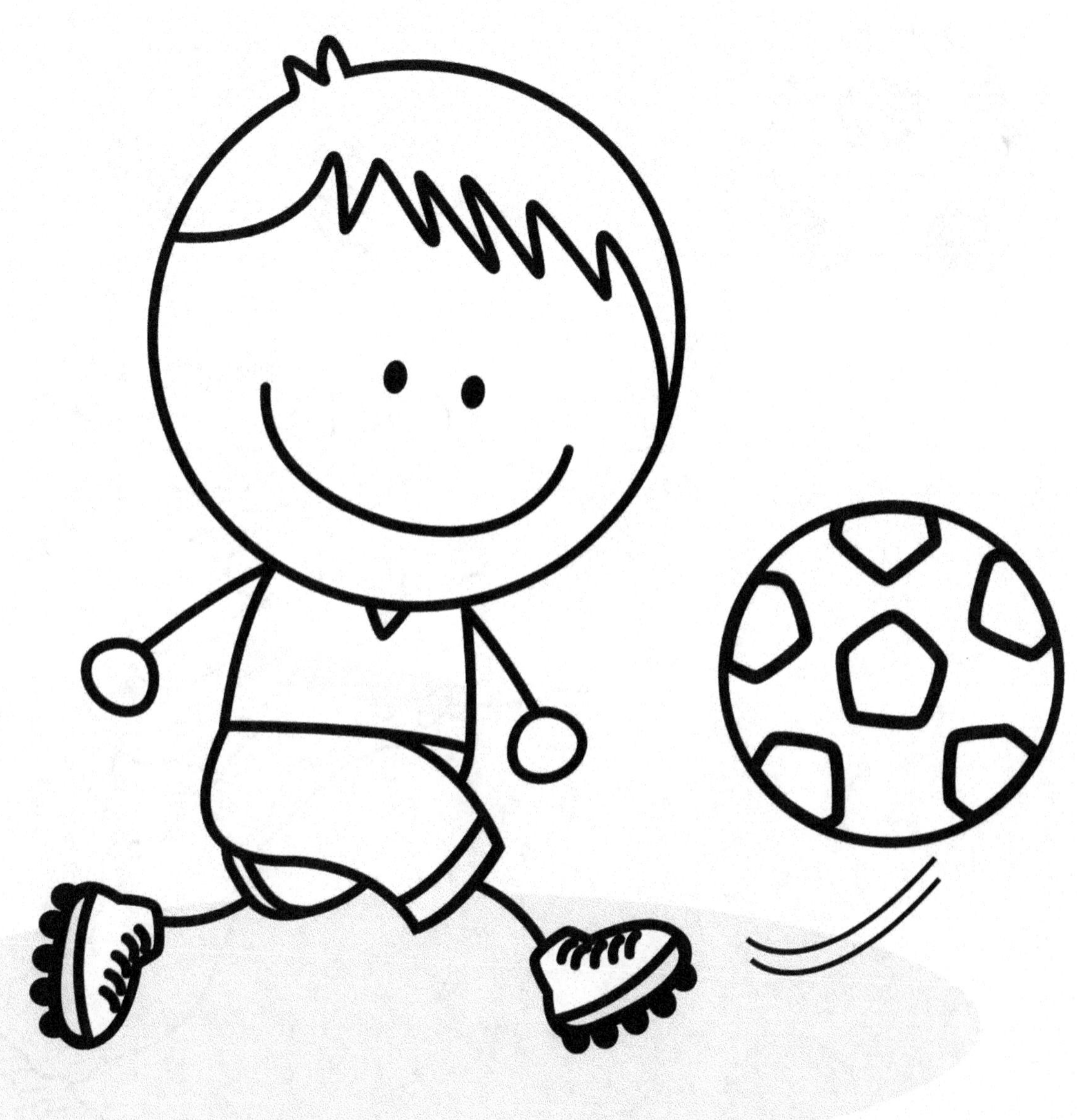

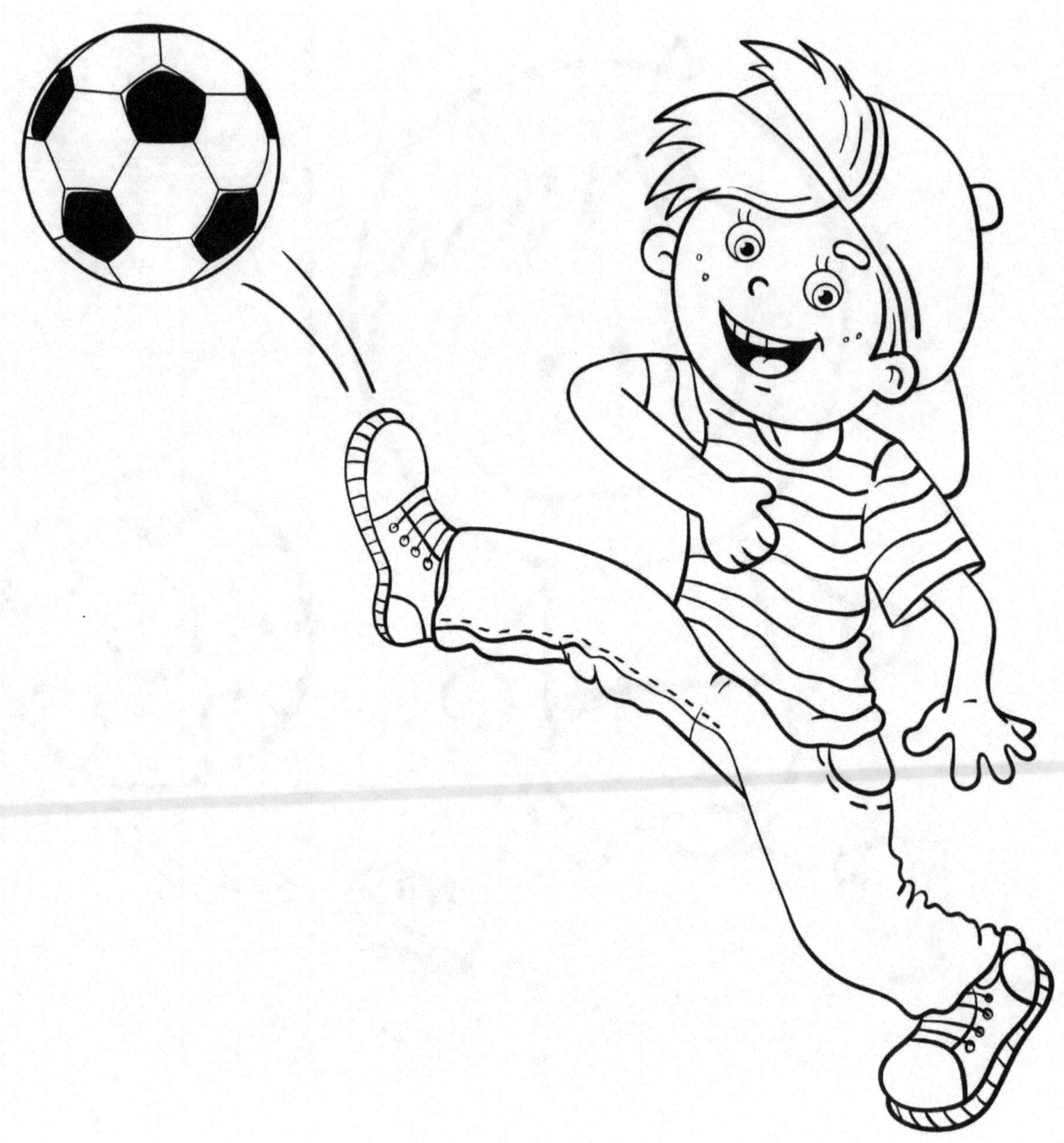

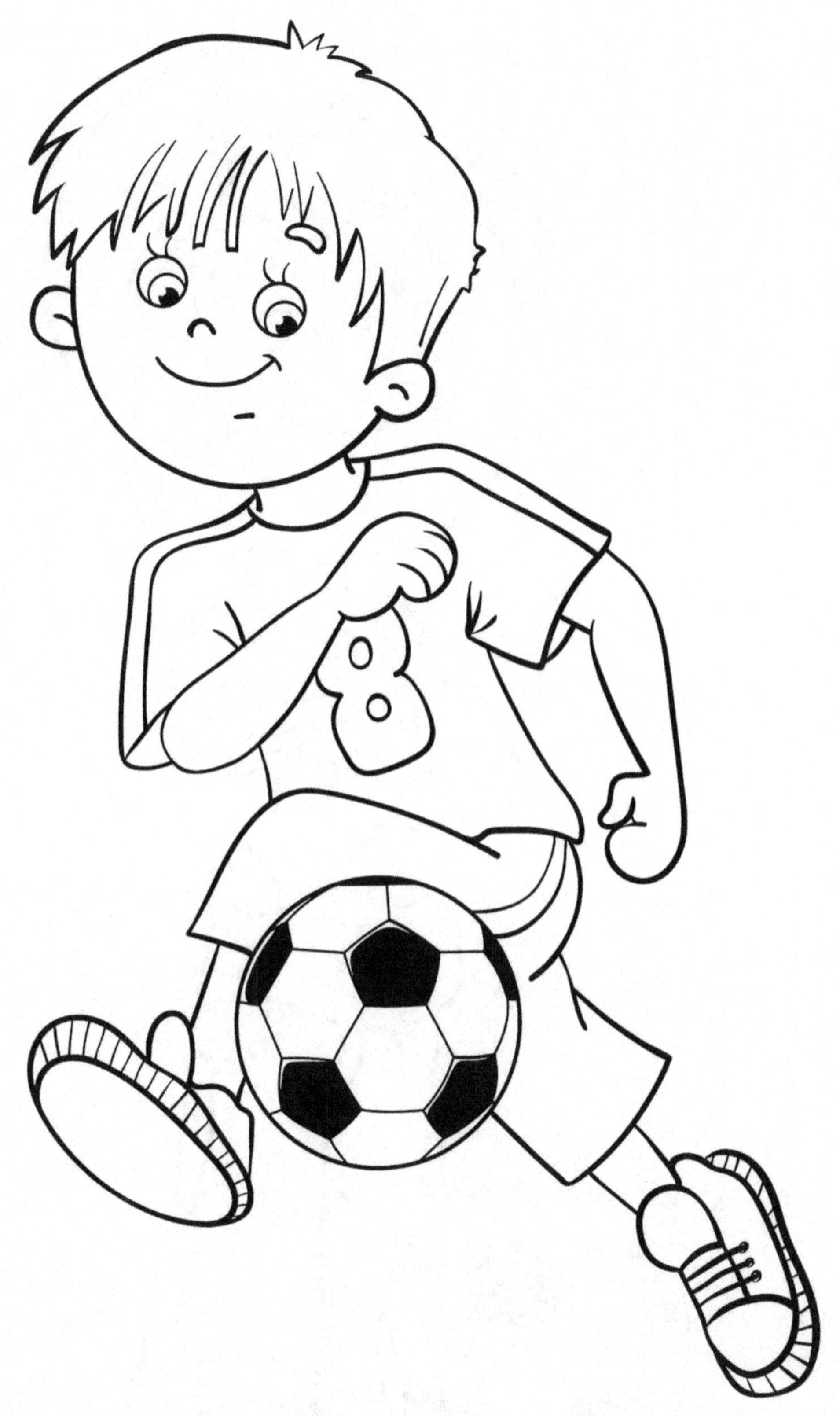

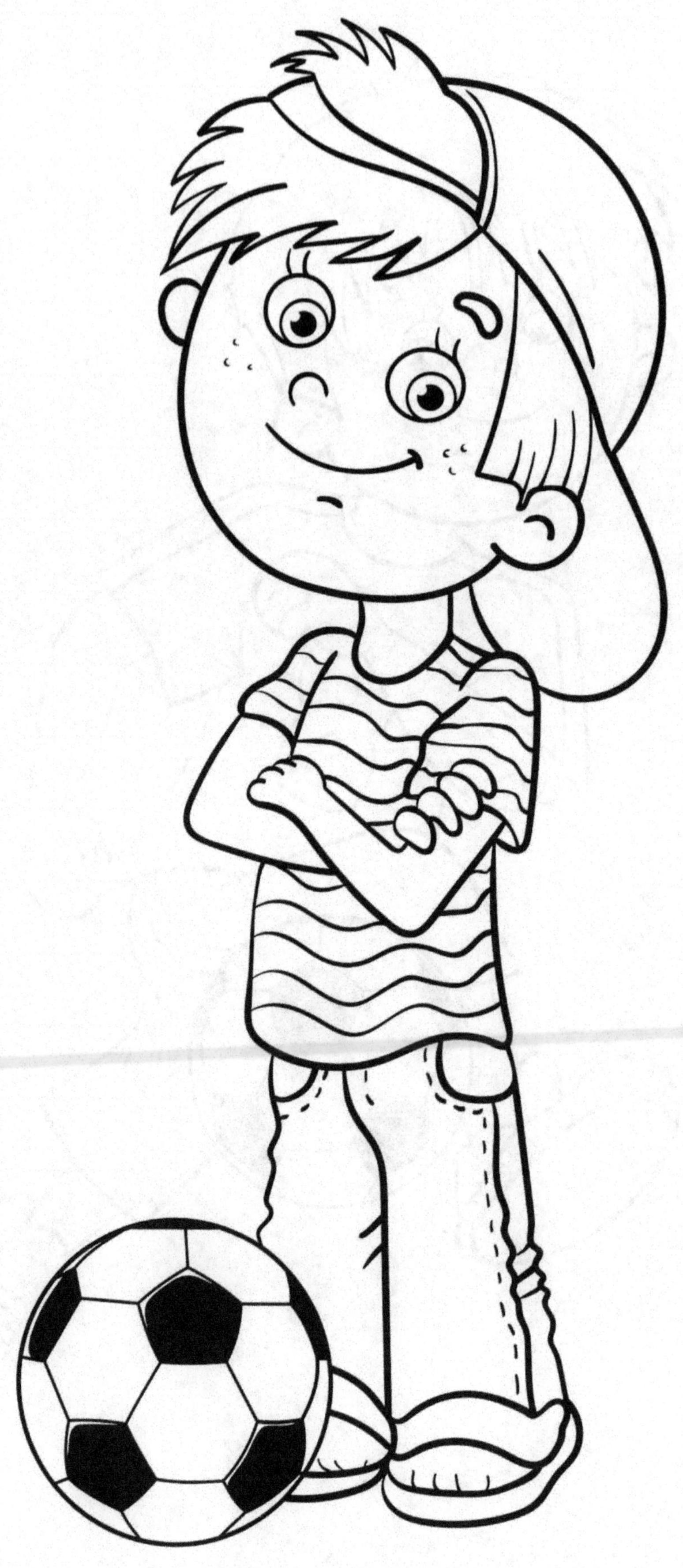

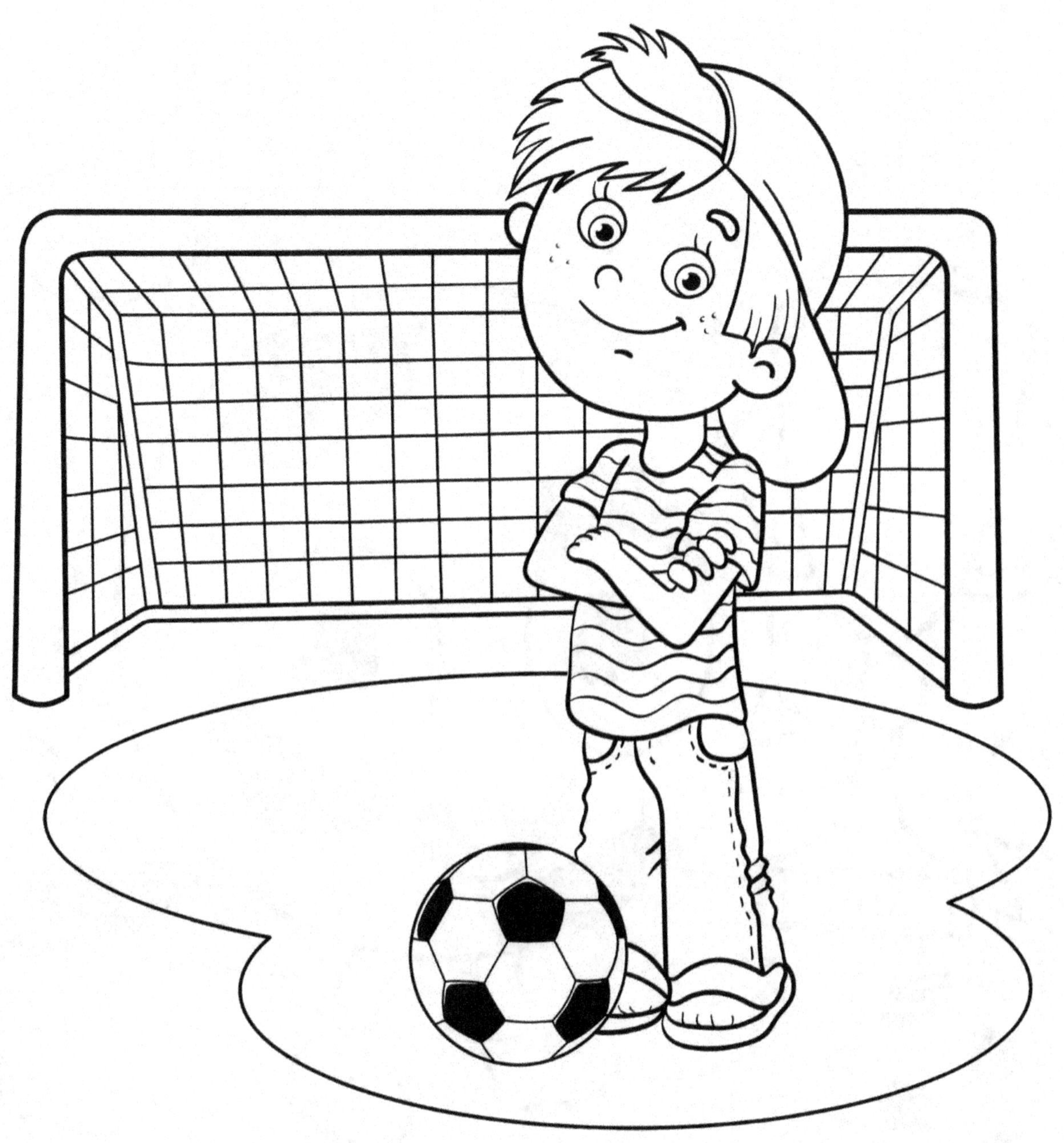

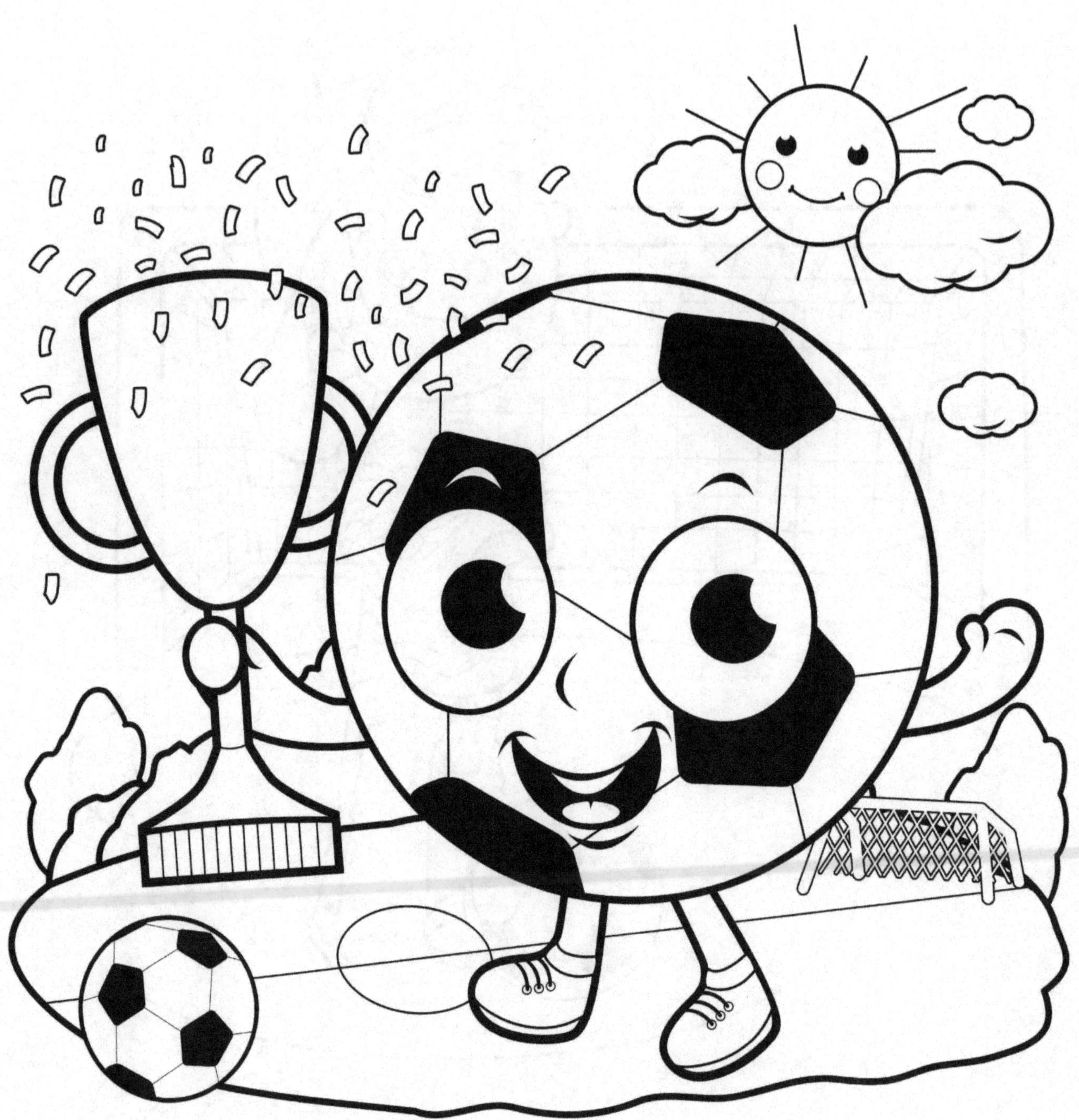

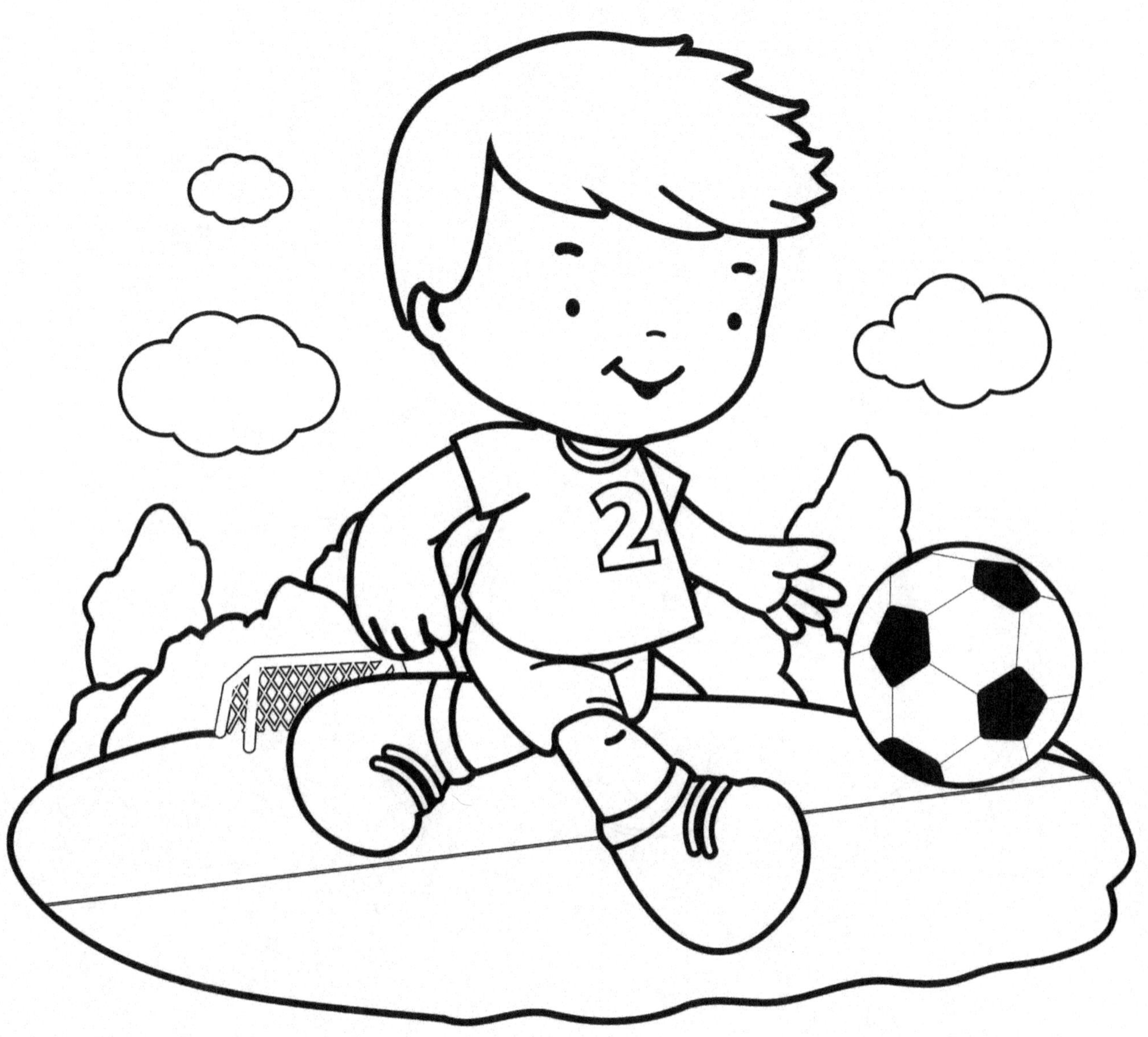

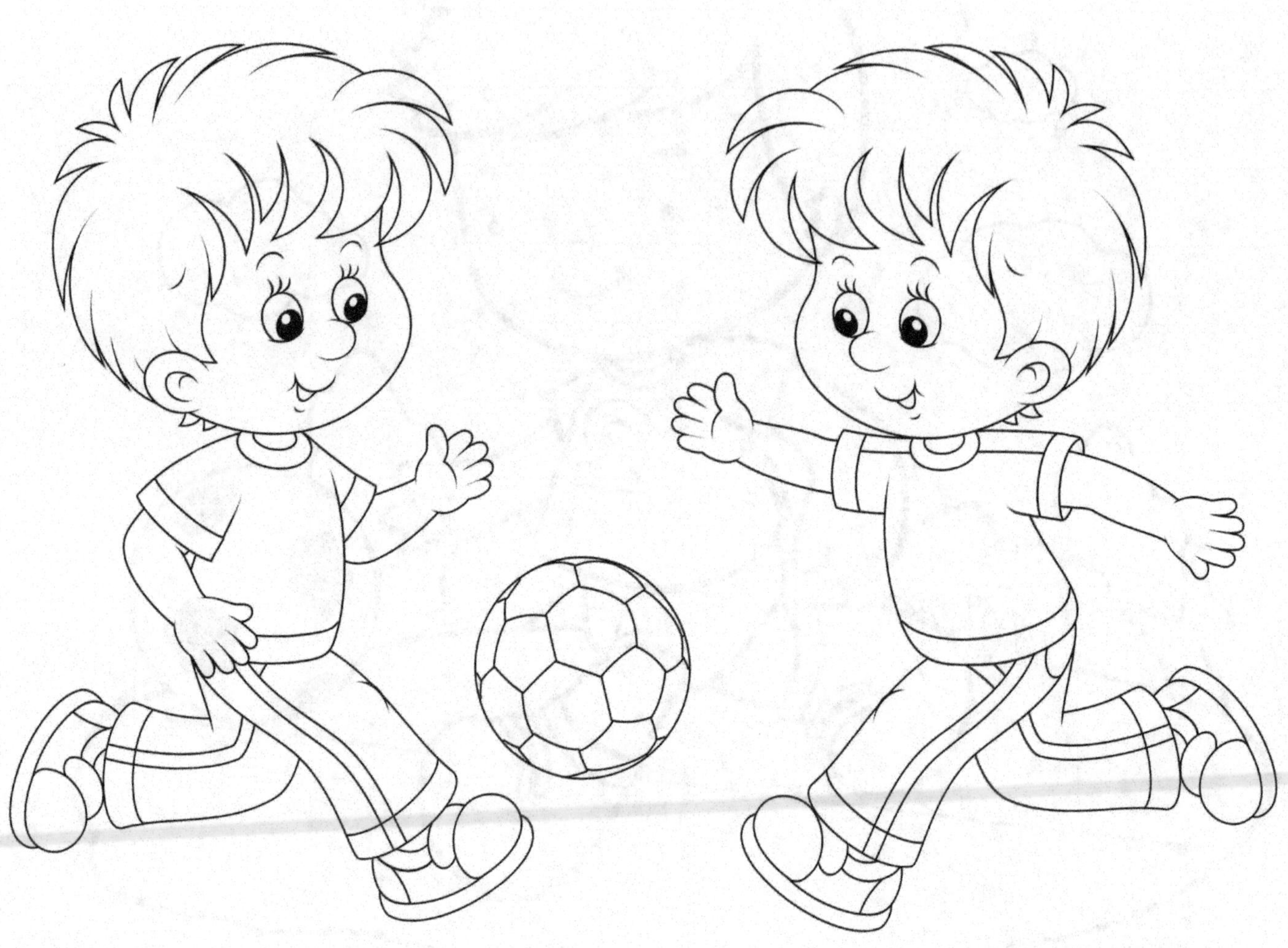

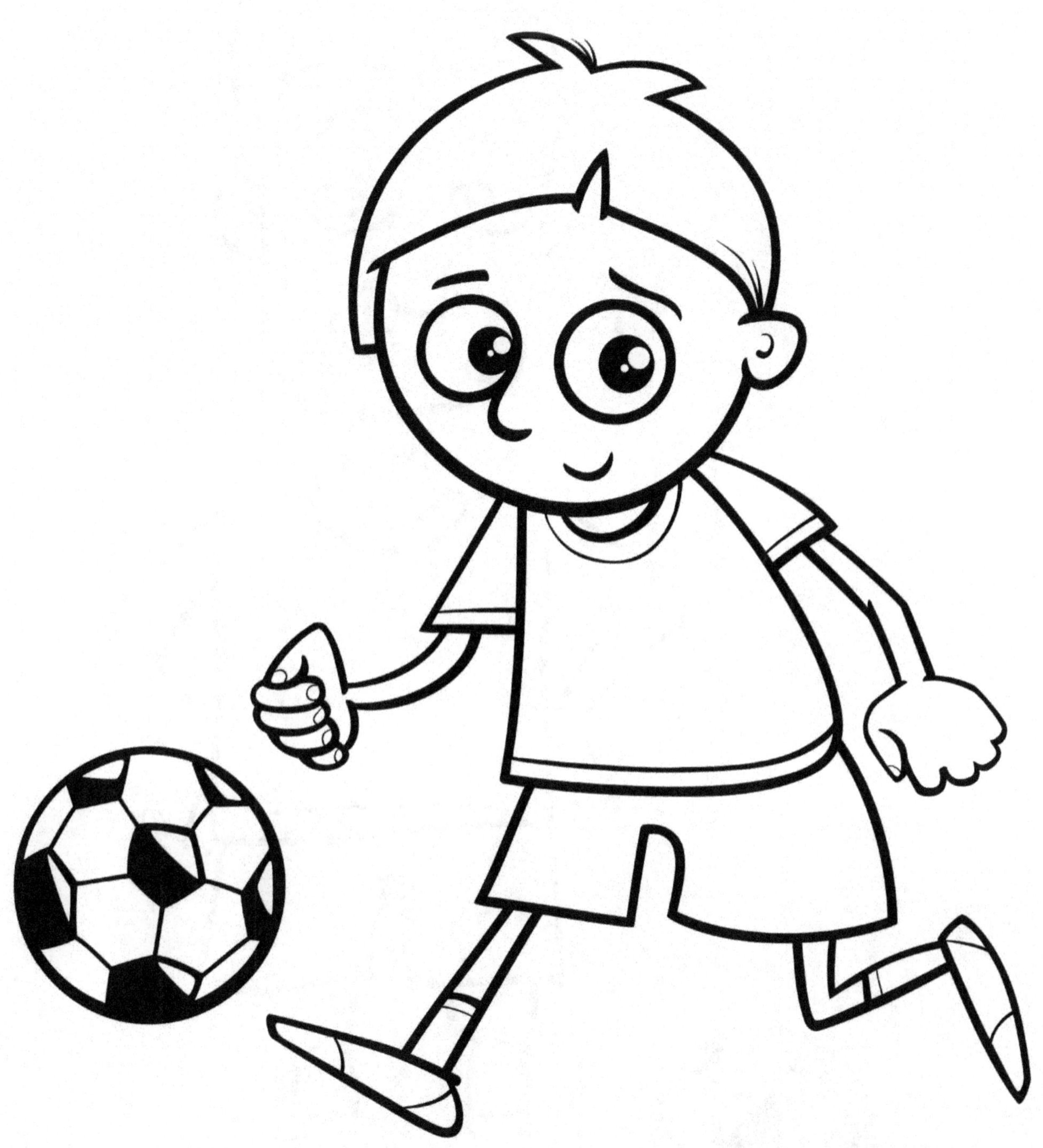

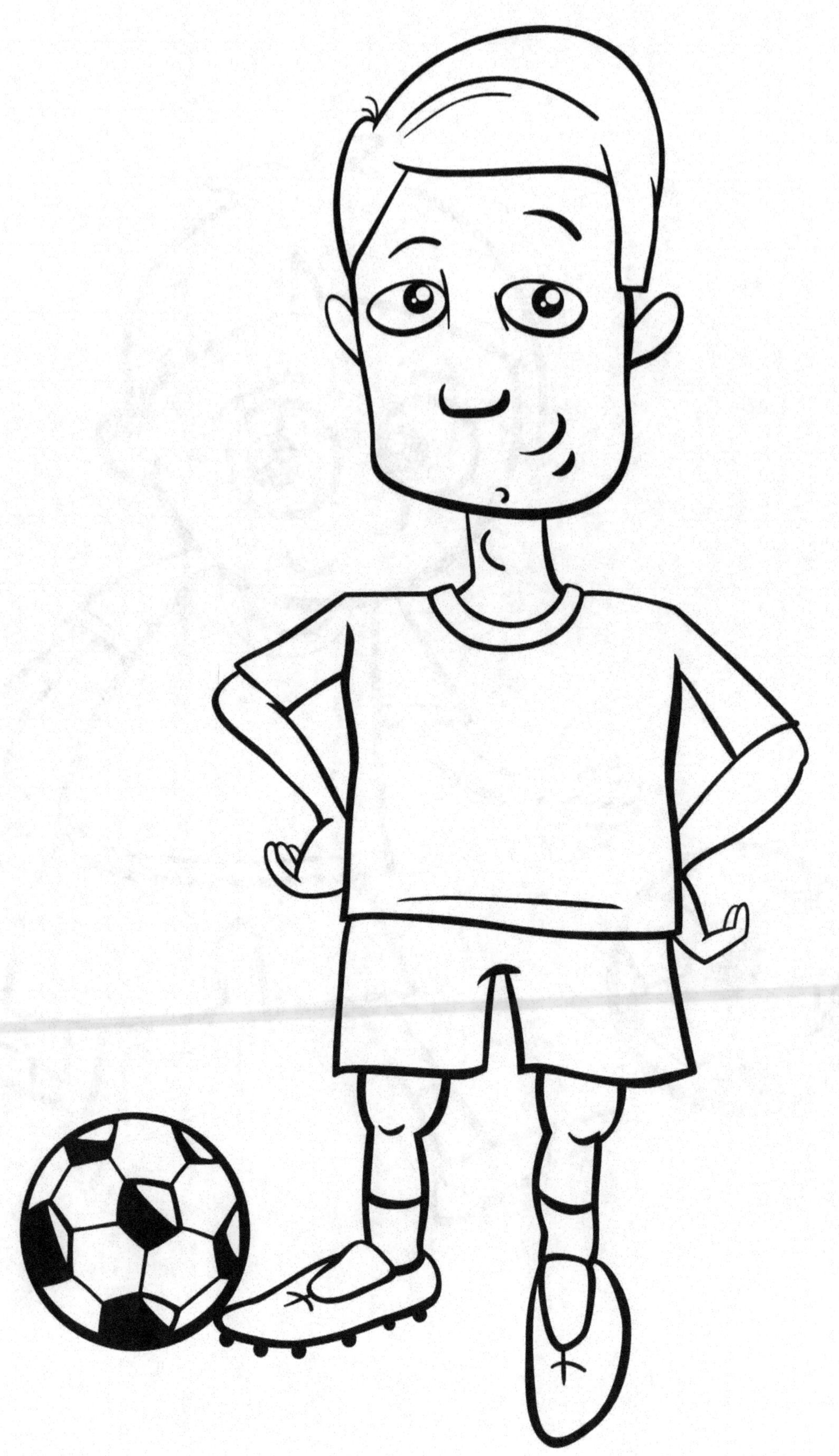

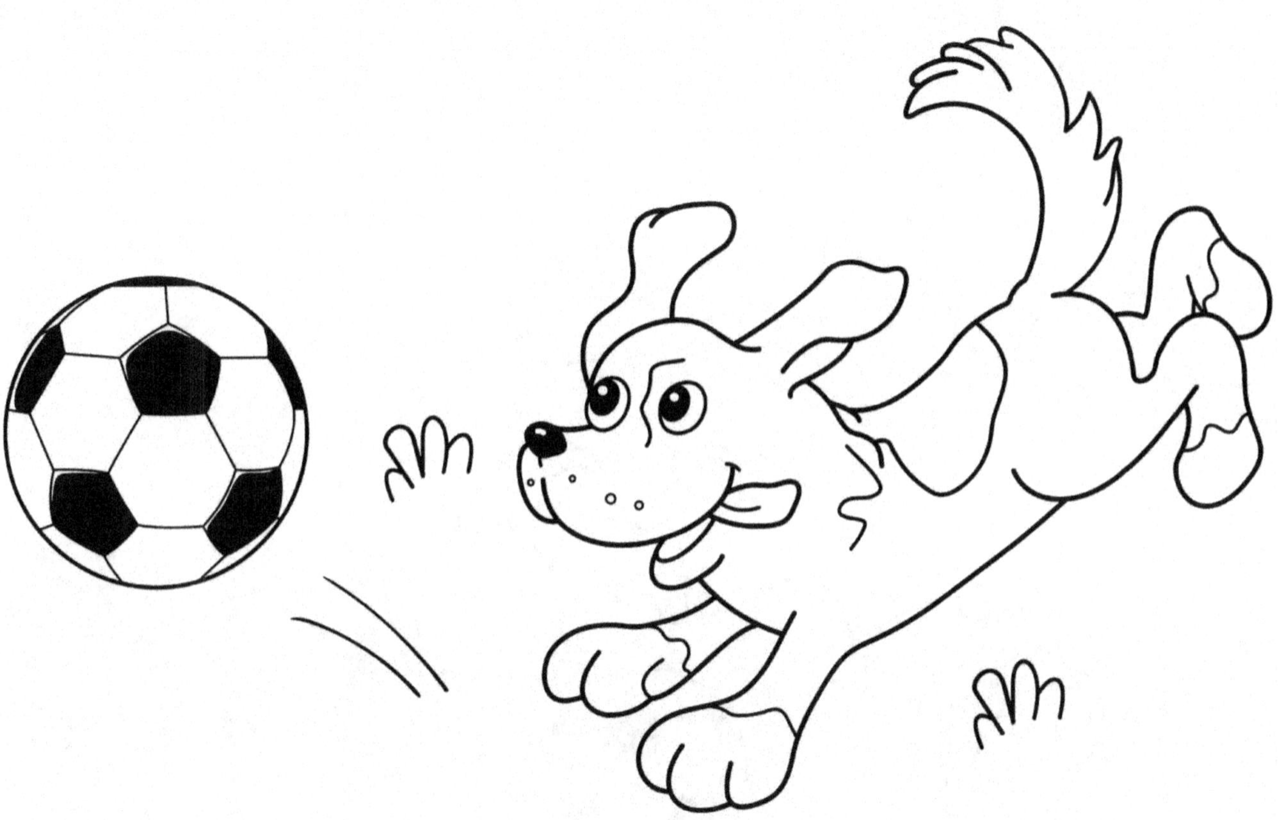

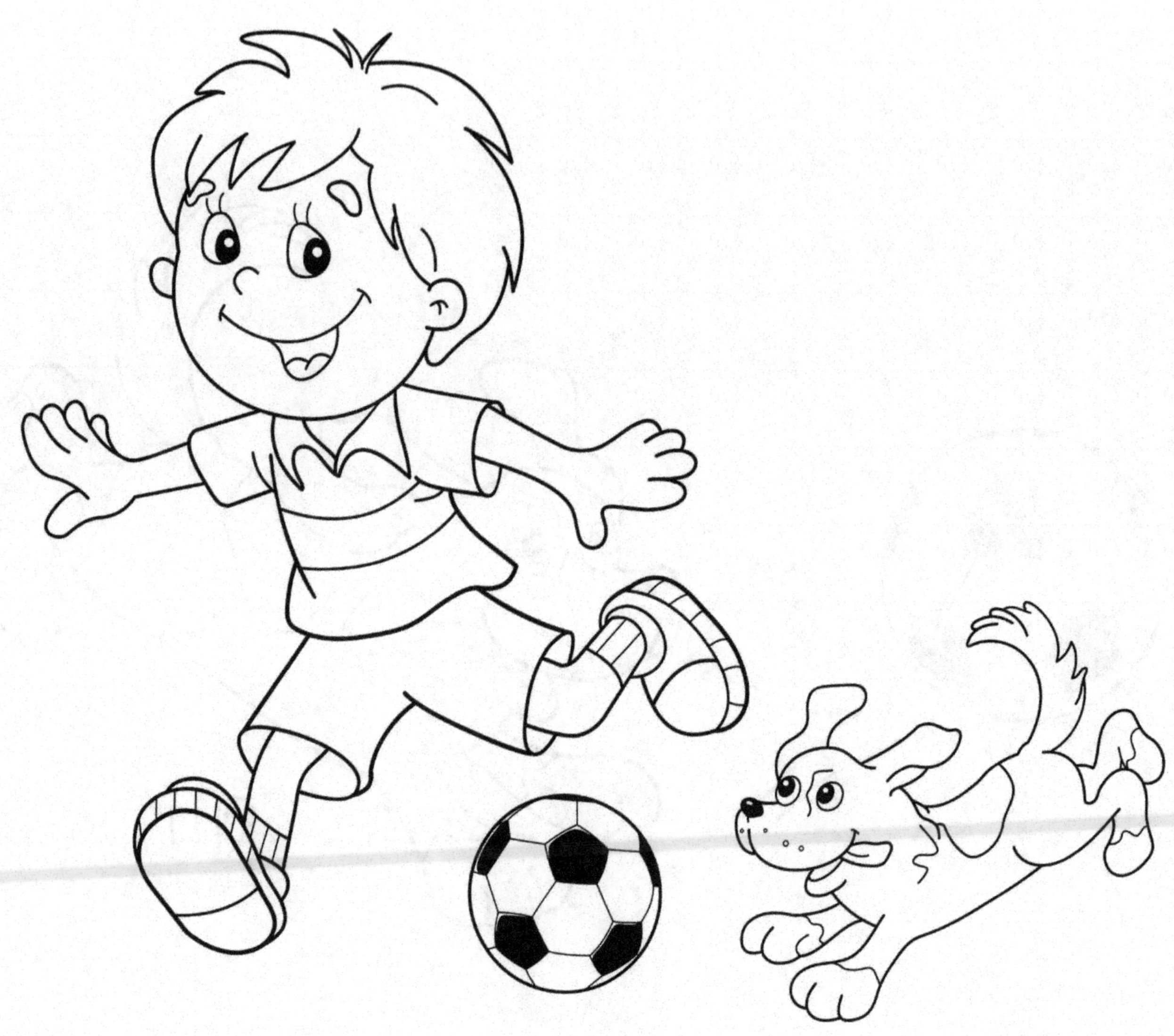

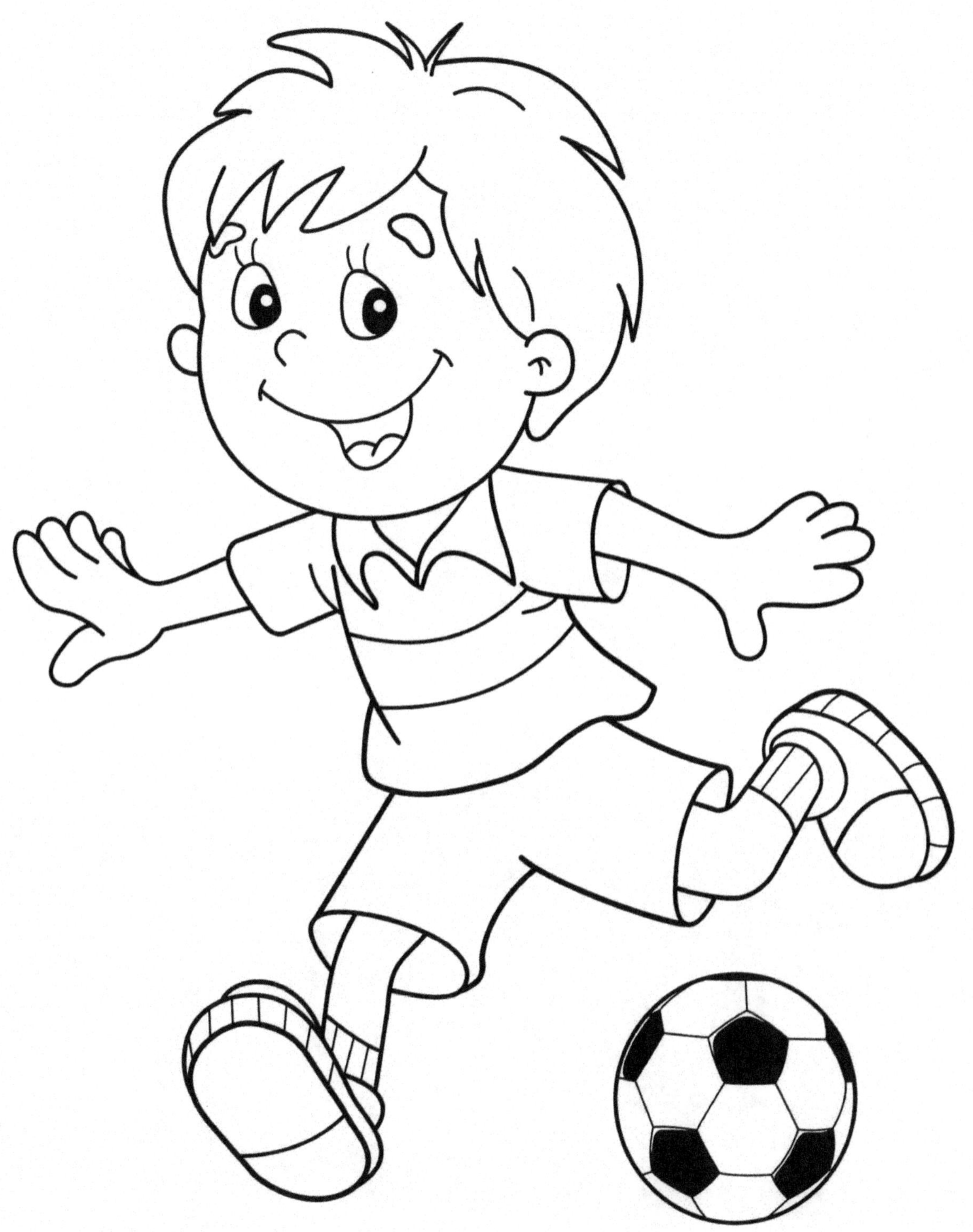

www.ingramcontent.com/pod-product-compliance
Lightning Source LLC
Chambersburg PA
CBHW080322030726

47593CB00009B/2843